AF349738

✝ LE
CONSEILLER
FIDELE.

A PARIS,
Chez IEAN BRVNET, ruë neuue sainct
Louys, au Canon Royal, proche le Palais.

M. DC. XLIX.
Auec Permißion.

LE CONSEYLLER FIDELE.

VN grand sainct n'a pas eu mauuaise grace de dire qu'il estoit de la foiblesse de l'homme de pecher. & que c'estoit le propre des Diables de perseuerer dans leur malice. Ce seroit vne chose incroyable, si elle ne nous estoit deuenuë sensible, que les mauuais ministres n'eussent point eu de paix ny de trefue auec eux-mesmes, dans le dessein qu'ils ont eu de ne faire qu'vn desert de tout ce Royaume, & qu'ils ne se proposassent la fin de la guerre, que par celle des personnes qui n'estoient plus en estat de souffrir leurs crimes. Le peuple ne se treuue coupable auiourd'huy que d'auoir fait des vœux publics pour sa liberté premiere, il n'a esté condamné au dernier supplice, que pour auoir osé gemir sous vn fardeau, sous lequel il estoit prest de succomber, & par vne cruauté inconnuë à tous les Siecles, nostre plainte est deuenuë vne partie de nostre souffrance. Ces tyrans en qui la rage n'est plus qu'vn diuertissement ordinaire authorisé par la coustume, ont deffendu aux miserables ce qu'on n'a pas mesme refusé aux premiers Martyrs, ils ont voulu encherir sur la charge des bourreaux, & rendre muets ceux de qui les plaïes pouuoient estre autant de bouches sanglantes. Dans cette loy dont ils ont fait vne necessité toute barbare, quelques-vns d'entre nous s'en sont fait vne du respect & du silence; ils ont receu l'arrest de leur mort, ou la nouuelle de leur perte sans ietter mesme vn soupir, & l'on eut dit qu'ils sortoient du monde auec aussi peu de trouble, que quand la nature les y auoit fait entrer. Il est vray que quelques autres ont treuué lasche vne soumission si aueugle, qu'ils n'ont peu se persuader que la tyrannie deut estouffer tous les sentimens de la Religion, & de la nature, & qu'ils ont creu que la iustice ne pouuoit refuser d'entendre les plaintes de l'innocence persecutée, sans perdre son nom & son caractere, puis que c'est là son premier employ, & que Dieu deffend esgallement à tous les Iuges ce qu'il deffendit à Moyse, d'estre iniuste dans ses Iugemens, & de s'arrester en telle rencontre à la grandeur, ou à la bassesse. Dans ce sentiment genereux, ils ont imité ces Cygnes qui ne commencent à chanter que quand ils sont prests de mourir au rapport des Poëtes & de Platon mesme, & c'est ainsi qu'ils ont fait vn Concert de leur murmure à deux pas de leur tombeau, & qu'ils ont ouuert la bouche quand la mort estoit preste de la fermer. C'est dans vne desolation qui n'est pas plus bornée que ce grand Estat, & qui en

faisoit

faisoit porter le dueil par auance à tous ceux qui en preuoyoient la ruine entiere, qu'ils ont fait voir que l'authorité du Roy n'estoit plus qu'vn nom pompeux, comme on l'a dit autrefois de la Republique Romaine dans vn temps ou celuy qui s'en faisoit appeller le pere, en estoit le plus grand tyran; que la maiesté du Prince n'estoit plus qu'vne belle image, qu'vn étranger vsurpoit toute sa puissance legitime, & que son domaine deuenoit sa proye. Apres nous auoir fait toucher cette verité qui nous auoit desia cousté du sang & des larmes, apres auoir veu nos biens espuisez, & nos veines presque taries, nous auons reconneu qu'il ne haïssoit nos loix que pour ce qu'elles estoient contraires à ses entreprises, & qu'il retranchoit l'authorité des Parlemens pour ruiner toute la iustice, comme on fait mourir le cyprez quand on couppe le haut de ses branches. Le temps qui a coustume d'introduire toutes les choses sur le Theatre, pour parler auec Tatian, a mis au iour la plus part des grands ouurages de ce Politique dans nos souffrances & dans nos miseres; il n'est plus possible que nous nous plaignions de nos pertes sans nous plaindre en mesme temps de son ministere, & qui dira que nous auons en quelque sorte appuyé son ambition par nostre indulgence, prendra nos mal-heurs dans leur estendue, & dans leur source. Ce n'est pas d'auiourd'huy que la paresse a fait des repentans & des miserables, & qu'on a veu des gens deuorez par des bestes qu'ils croyoient ap-

B

priuoifées , & qu'ils penfoient ne deuoir plus crain-
dre. Les vertus ont leur excez auffi bien que leur
deffaut: La compaffion eft criminelle quand elle eft
iniufte, & c'eft affez de l'eftat ou nous fommes tous
reduits pour nous faire confeffer qu'il eft efgale-
ment dangereux de pardonner toutes les fautes, &
de n'en pardonner aucune. Le Medecin fait l'office
de bourreau quand il ne refufe rien à fon malade, &
la charité du Chreftien deuient vn de fes pechez,
quand c'eft par elle qu'il pretend aimer iufques aux
perfonnes qui font en execration deuant Dieu qui
eft la charité mefme felon l'Apoftre, & qu'il s'en fert
de fondement & de principe pour fouffrir les facri-
leges & les traiftres. Nous auons regardé iufques icy
le Cardinal Mazarin de la mefme forte que nous
auons fouuent regardé des beftes farouches qui font
entretenuës pour la rareté de leur efpece, ou pour la
grandeur des Roys, ou pour la curiofité du peuple;
mais quand nous auons examiné que celles-cy
eftoient ordinairement enchaifnées, pour ne pas
contenter les yeux de leurs fpectateurs aux defpens
de toutes les parties de leurs corps, & pour empef-
cher qu'ils n'en deuinffent & les victimes & la curée;
que celle cy eftoit libre, & que fa fureur n'eftoit
point oifiue, nous auons iugé qu'il y alloit de l'intereft du fouuerain, & du falut de fon peuple de s'op-
pofer ouuertement aux coups que nous ne pou-
uions plus éuiter que par vn miracle. Nous nous
eftions feruis en fecret du ieufne & de l'oraifon con-

tre vn prodigieux nombre d'Harpies , comme on s'en fert contre les Sauterelles de l'Apocalypfe, quand les exorcifmes ordinaires ne peuuent fuffire à les chaffer des corps , dont elles ont pris poffeffion ; mais apres auoir veu que nos ennemis nous auoient accouftumé dés long-temps aux ieufnes , & que Dieu nous auoit donné des bras , nous les auons employez en cette rencontre, & nous n'auons point douté que nous ne d'euffions eftre heureux , puis que nous auions pour nous, & la Iuftice & la Force.

Certes, fi Damis s'eftonne dans Philoftrate de voir conduire vn Elephant par vn ieune garçon de treize ans, il y auoit bien plus à s'eftonner de voir icy l'Eftat gouuerné par vn homme qui n'a rapporté chez nous que la malice de fon païs , & qui ne s'eft rendu remarquable que par vne ignorance grof-fiers, & auffi honteufe que les premiers diuerriffe-ments de fa vie. Vne Monarchie comme la noftre demandoit vne perfonne plus fpirituelle, plus Reli-gieufe & plus adroitte, & pour maintenir fon éclat dans la minorité du Roy, ce n'eftoit pas trop d'vne Intelligence. La France a des Sages auffi bien que la vieille Grece ; nous auons des Princes à qui l'expe-rience & l'eftude n'ont prefque point laiffé de lu-mieres à defirer & de veritez à defcouurir , & qui nous pouroient conduire auec des fuccez merueil-leux, felon l'opinion de cét Ancien, qui ne croyoit pas qu'vn Eftat fut plus heureux que quand il eftoit conduit par des Philofophes. Icy ie ne comprends pas ces Philofophes qui parlent de la Politique comme certains Medecins parlent des Plantes dont ils fçauent tous les noms fans en connoiſtre la vertu, i'entends ces veritables Sages de qui le cœur reſpond à la langue, qui raiſonnent & qui executent, qui ſe font admirer dans le combat auſſi bien que dans le Conſeil, qui penetrent dans les intereſts de nos voiſins & dans les noſtres, dont la vertu ne doit rien à la naiſſance & à la fortune, qui preuoient les dangers & qui les preuiennent, qui baſtiſſent leur Politique fur la Morale, & qui ne la deſtachent iamais de l'Euangile.

Outre qu'il eſt honteux de laiſſer vſurper à vn eſtranger le droit des Princes, de peur que cette ſouffrance ne leur reproche quelque foibleſſe, ou qu'elle ne marque en eux quelque tache qui merite noſtre ſoupçon, il eſt dangereux encore de l'eſleuer aux plus hauts degrez du miniſtere, de peur qu'il ne reconnoiſſe par ce moyen nos deffauts & nos aduantages, qu'il ne ſe ſerue des premiers pour nous ruiner, & des ſeconds pour nous endormir quád on l'en fera deſcendre; qu'il ne deſcouure en ſuitte à ceux de ſon païs ou de ſa cabale pour ſe vanger ce qu'ils doiuent ignorer pour noſtre gloire, & pour noſtre bien, & qu'en fourniſſant aux ennemis de dehors des memoires de nos ſouhaits, de nos deffiances, ou de nos craintes, il ne leur fourniſſe des armes pour nous preuenir, pour nous ſurprendre, ou pour nous combattre. En effet l'amour que nous

auons

auons pour noſtre païs, eſt vne paſſion naturelle qu'on ne peut arracher qu'auec nos entrailles, & celuy qui diſoit que le Sage treuuoit ſa patrie où il rencontroit ſon bien, n'eſtoit pas ſage, & ne connoiſſoit point ſa patrie. C'eſt vne ſageſſe qui n'eſt qu'en idée, comme la Republique de Platon, & c'eſt proprement ceſſer d'eſtre homme pour s'efforcer d'eſtre Philoſophe. Dans cét amour qui eſt imprimé dans noſtre ſang & dans noſtre cœur, & qui fait vne partie de nous meſmes, le fauory qui eſt nay ſujet du Prince qui le carreſſe & qui l'eſtime, ne profite point de ſes faueurs ſans les rendre vtiles à ceux de ſon païs meſme, & s'il arriue qu'il eſleue quelques maiſons ſur la ruine de quelques familles, comme la generation de l'vn eſt la corruption de l'autre dans la nature, les biens qu'il amaſſe ou qu'il diſtribuë ne paſſent point les frontieres de ſon ſouuerain; les particuliers en tirent touſiours quelque fruit, ſes parens, ſes amis, & ſes domeſtiques y pretendent touſiours quelque part, & la ville qui la veu naiſtre en a pour le moins de l'honneur & du credit, & s'en promet touſiours quelque priuilege & quelque grace. Il en eſt tout au contraire d'vn eſtranger quand il poſſede l'oreille d'vn Prince. Comme le retour dans ſon païs eſt ordinairement ſon eſperance la plus grande & la plus ſecrette; quelque artifice qu'il employe à ſe déguiſer, qu'il ne combat que pour la retraitte, qu'il ne peut oublier ny ſes amis ny ſes proches, ou qu'il trauaille à la gloire de ſon

Roy naturel, lors qu'on croit qu'il s'oppofe à fa
grandeur, comme les rameurs qui tournent le dos
au lieu ou ils veulent aborder, c'eft auffi de là qu'il
n'a que fon intereft pour fon but, qu'il fait vne moif-
fon dorée de l'Eftat, comme on dit que Statocles &
Dromoclidas en faifoient de la iuftice, qu'il ne laiffe
d'où il veut partir que ce qu'il ne peut emporter,
qu'il procure des emplois & des dignitez à ceux de
fa nation autant que fon authorité le peut permet-
tre, & que la Cour du fouuerain ne femble plus deuoir paffer que pour vne Cour eftrangere C'eft ain-
fi que les fujets naturels deuiennent pauures, ou
que leur credit eft affoibli par celuy des autres, pour
ce qu'ils en occupent la place ; que les richeffes
qu'ils ont amaffées dans vn Eftat, paffent dans l'autre
fans aucun retour, & qu'ils fe retirent enfin chez eux
quand ils en rencontrent l'occafion, pour y viure de
nos fueurs & de leurs rapines. Le Miniftere du feu
Cardinal de Richelieu nous fembloit eftrange ou
pour ce qu'il n'eft pas dans le pouuoir mefme de Iu-
piter de plaire à tous, comme difoit Theognide, ou
pour ce que le bien n'eftoit pas fimplemét enchainé
auec le mal, cóme Homere nous l'affeure, mais pour
ce qu'ils eftoiét trop meflez & trop cófondus, & que
nous deuions toufiours nóftre repos à quelques regrets & à quelques funerailles. Cependant il eft cer-
tain que les lettres ne furent iamais plus fleuriffan-
tes fous le Regne de François premier qui en fut appelle le pere; que les fiecles des Antonins, des Tra-

jans, des Auguftes, & des Alexandres, ne furent
gueres plus feconds ny plus heureux en hommes
fçauans; qu'il a reconnu tous les excellens ouuriers
par des penfions ou par des careffes glorieufes, &
qu'il n'eft point d'artifant fameux qui ne luy foit re-
deuable de quelque auantage. Mais dans le gouuer-
nement du Cardinal d'aujourd'huy, les Mufes n'au-
roient pas efté ny plus ridicules, ny plus defcriées,
quand on auroit bafty les petites maifons pour les
renfermer, & quand le Parnaffe n'auroit efté qu'vn
hofpital de fous & de folles.Les plus illuftres ouuriers
meurent de faim fur leurs chef-d'œuures;les Poëtes,
les Orateurs, & les Philofophes ne comptent que
le Cardinal Mazarin & la fortune entre leurs ennemis irreconciliables, & fe voyent bannis d'où l'on
n'appelle que les ioüeurs de Hoc & de Tric-Trac,
que des farçeurs & des faltinr banques.

Il ne faut donc plus s'eftonner que le Parlement
ait eu des arrefts contre vn Miniftre qui hors la pe-
fte, nous enuoye tous les fleaux de Dieu, qui veut
que la famine fuccede à la guerre, & que la rage foit
le derniers de fes dons & de nos fupplices. Verita-
blement vne fi augufte compagnie ne pouuoit plus
glorieufement trauailler à noftre falut,puis que c'eft
eftre Dieu à l'homme que d'aider à l'homme, comme dit Pline, que c'eft eftre comme le fils du tres-
haut, au rapport de Salomon, que de deliurer celuy
qui fouffre quelque iniuftice,& que c'eft pour cette
raifon que les Iuges font appellez Dieux dedans
l'Efcriture.

Ne te laſſe pas cependant pauure peuple perſe-
cuté, de peur que tu n'adiouſtes le deſeſpoir à ton
mal-heur, & que tu ne faſſes naufrage apres la tem-
peſte. Comme les Cantarides ont dans leurs corps
vne certaine partie qui ſert de contrepoiſon à leur
poiſon meſme, & qu'on fait des Antidotes des plus
grands venins, on tirera ton ſalut de ta ſouffrance,
& ta conſolation de tes regrets & de tes plaintes.
Ceſſe de murmurer contre ceux qui te protegent &
qui te ſouſtiennent, de peur que ton murmure & ta
deffiance ne les rebutent ou ne les irritent, & qu'ils
ne ſe repentent, ou ne s'ennuyent de procurer du
repos à ceux qui pourroient bien s'en rendre indi-
gnes. Apres leur auoir fait pitié par tes pertes & par
tes miſeres, efforce-toy de les gagner par ta patien-
ce, puis que c'eſt elle enfin qui conduit tous les
grands deſſeins & qui les acheue, qui donne le prix
à chaque vertu, qui perfectionne la ſageſſe, qui
donne toutes les victoires, & qui couronne le Mar-
tyre.

D. B